SPÉCIMEN

DES

Différents Caractères

PROVENANT DE LA

FONDERIE

DE

N. F. GROMORT.

PARIS,

IMPRIMÉ CHEZ J.-B. GROS,

18, RUE DU FOIN.SAINT-JACQUES.

—

1842.

NOMPAREILLE N° 2.

Points Fournier.

Ego multos homines excellenti animo ac virtute
fuisse, et sine doctrina, naturæ ipsius habitu
prope divino, per seipsos et moderatos et graves
exstitisse fateor. Etiam illud adjungo, sæpius ad
laudem atque virtutem naturam sine doctrina,
quam sine natura valuisse doctrinam. Atque idem
ego contendo, cum ad naturam eximiam atque
illustrem accesserit ratio quædam conformatioque doctrinæ; tum illud nescio quid præclarum
ac singulare solere existere.

NON INTERLIGNÉ.

Ex hoc esse hunc numero, quem patres nostri
viderunt, divinum hominem, Africanum : ex
hoc C. Lælium, L. Furium, moderatissimos homines et continentissimos : ex hoc fortissimum
virum, et illis temporibus doctissimum, M. Catonem illum senem, qui profecto, si nihil ad

A U E H M N O R S T V

A C D E P G H I J M N O

*LA FRANCE a une initiative trop importante
dans la civilisation du globe pour que les hommes
spéciaux lui fassent jamais faute.*

NOMPAREILLE COMPACTE N° 5.

Points Firmin.

Ego multos homines excellenti animo
ac virtute fuisse, et sine doctrina, naturæ
ipsius habitu prope divino, per seipsos
et moderatos et graves exstitisse fateor:
etiam illud adjungo, sæpius ad laudem
atque virtutem naturam sine doctrina,
quam sine natura valuisse doctrinam.
Atque idem ego contendo, cum ad naturam eximiam atque illustrem accesscrit
ratio quædam conformatioque doctrinæ:
tum illud nescio quid præclarum ac singulare solere existere.

NON INTERLIGNÉ.

Ex hoc esse hunc numero, quem patres
nostri viderunt divinum hominem, Africanum : ex hoc C. Lælium, L. Furium,
moderatissimos homines et continentissimos : ex hoc fortissimum virum, et illis
temporibus doctissimum, M. Catonem il-

MIGNONNE N° 2.

Points Fournier.

Ego multos homines excellenti animo ac
virtute fuisse, et sine doctrina, naturæ ipsius
habitu prope divino, per seipsos et moderatos
et graves exstitisse fateor. Etiam illud adjungo,
sæpius ad laudem atque virtutem naturam sine
doctrina, quam sine natura valuisse doctrinam.
Atque idem ego contendo, cum ad naturam
eximiam atque illustrem accesserit ratio quædam conformatioque doctrinæ ; tum illud nescio quid præclarum ac singulare solere existere.

NON INTERLIGNÉ.

Ex hoc esse hunc numero, quem patres nostri
viderunt, divinum hominem, Africanum : ex
hoc C. Lælium, L. Furium, moderatissimos
homines et continentissimos : ex hoc fortissimum virum, et illis temporibus doctissimum,
M. Catonem illum senem : qui profecto, si ni-

MIGNONNE COMPACTE Nº 6.

Points Fournier.

Ce sont les journaux, véritables instituteurs publics, professeurs d'économie et de
liberté qui, ont fait pénétrer dans lesmasses
parisiennes ces idées d'ordre, de légalité et
de générosité qui ont, aux yeux de l'Europe
étonnée, caractérisé d'une manière si frappante et si glorieuse pour la FRANCE la différence des révolutions de 1789 et de 1830.

NON INTERLIGNÉ.

Ce sont les journaux, véritables instituteurs publics, professeurs d'économie et de
liberté, qui ont fait pénétrer dans les masses
parisiennes ces idées d'ordre, de légalité et
de générosité qui ont, aux yeux de l'Europe
étonnée, caractérisé d'une manière si frappante et si glorieuse pour la FRANCE la différence des révolutions de 1789 et de 1830.

*LA FRANCE a une initiative trop im-
portante dans la civilisation du globe,
pour que les hommes spéciaux lui fassent
jamais faute.*

PETIT-TEXTE Nº 5

Ce sont les journaux, véritables instituteurs pu‑
blics, professeurs d'économie et de liberté, qui ont
fait pénétrer dans les masses parisiennes ces idées
d'ordre, de légalité et de générosité qui ont, aux
yeux de l'Europe étonnée, caractérisé d'une manière
si frappante et si glorieuse pour la FRANCE la diffé‑
rence des révolutions de 1789 et de 1830.

NON INTERLIGNÉ.

Ce sont les journaux, véritables instituteurs pu‑
blics, professeurs d'économie et de liberté, qui ont
fait pénétrer dans les masses parisiennes ces idées
d'ordre, de légalité et de générosité qui ont, aux
yeux de l'Europe étonnée, caractérisé d'une manière

*LA FRANCE a une initiative trop importante
dans la civilisation du globe, pour que les hommes*

PETIT-TEXTE Nº 4.

Ego multos homines excellenti animo ac virtute
fuisse, et sine doctrina, naturæ ipsius habitu prope
divino, per seipsos et moderatos et graves exstitisse
fateor : etiam illud adjungo, sæpius ad laudem atque
virtutem naturam sine doctrina, quam sine natura va‑

NON INTERLIGNÉ.

Quod si non hic tantus fructus ostenderetur, et si ex
his studiis delectatio sola peteretur : tamen, ut opinor
hanc animi remissionem, humanissimam ac liberalis
simam judicaretis. Nam cæteræ neque temporum sunt
neque ætatum omnium, neque locorum : hæc studia

*LA FRANCE a une initiative trop importante
dans la civilisation du globe, pour que les hommes*

PETIT-TEXTE N° 12.

Points Fournier.

Ego multos homines excellenti animo ac virtute
fuisse, et sine doctrina, naturæ ipsius habitu prope
divino, per seipsos et moderatos et graves exstitisse
fateor. Etiam illud adjungo, sæpius ad laudem atque
virtutem naturam sine doctrina, quam sine natura
valuisse doctrinam. Atque idem ego contendo, cum
ad naturam eximiam atque illustrem accesserit ratio

NON INTERLIGNÉ.

M. Catonem illum senem : qui profecto, si nihil ad
percipiendam colendamque virtutem litteris adjuvarentur, numquam se contulissent. Quod si non hic
tantus fructus ostenderetur, et si ex studiis delectatio sola peteretur : tamen, ut opinor, hanc animi
remissionem, humanissimam ac liberalissimam judi-

GAILLARDE N° 3.

Points Fournier.

Ego multos homines excellenti animo ac virtute
fuisse, et sine doctrina, naturæ ipsius habitu prope
divino, per seipsos et moderatos et graves exstitisse
fateor : etiam illud adjungo, sæpius ad laudem atque
virtutem naturam sine doctrina, quam sine natura
cum ad naturam eximiam atque illustrem accesserit

NON INTERLIGNÉ.

M. Catonem illum senem : qui profecto, si nihil
ad percipiendam colendamque virtutem litteris adjuvarentur, nunquam se contulissent. Quod si non
hic tantus fructus ostenderetur, et si ex his studiis
delectatio sola peteretur : tamen, ut opinor, hanc
animi remissionem, humanissimam ac liberalis-

*LA FRANCE a une initiative trop importante
spéciaux lu fassent jamais faute.*

PETIT-ROMAIN N° 8.

Points Fournier.

Ego multos homines excellenti animo ac virtute
fuisse, et sine doctrina, naturæ ipsius habitu propo
divino, per seipsos et moderatos, et graves exstitisse
fateor : etiam illud adjungo, sæpius ad laudem atque
virtutem naturam sine doctrina, quam sine natura
valuisse doctrinam. Atque idem ego contendo, cum

NON INTERLIGNÉ.

M. Catonem illum senem : qui profecto, si nihil
ad percipiendam colendamque virtutem litteris adjuvarentur, nunquam se ad earum studium contulissent.
Quod si non hic tantus fructus ostenderetur, et si ex
his studiis delectatio sola peteretur.

PETIT-ROMAIN N° 11.

Points Fournier.

Ego multos homines excellenti animo ac virtute fuisse,
et sine doctrina , naturæ ipsius habitu prope divino , per
seipsos et moderatos et graves extitisse fateor : etiam illud
adjungo, sæpius ad laudem atque virtutem naturam sine
doctrina , quam sine natura valuisse doctrinam. Atque
idem ego contendo, cum ad naturam eximiam atque illu

NON INTERLIGNÉ.

Ce sont les journaux, véritables instituteurs publics ;
professeurs d'économie et de liberté, qui ont fait pénétrer
dans les masses parisiennes ces idées d'ordre, de légalité
et de générosité qui ont, aux yeux de l'Europe étonnée

DEBFGAIJLMCNOVPQRSTU

*Tamen, hanc animi remissionem humanissimam ac
liberalissimam judicaretis. Nam cæteræ neque temporum sunt, neque ætatum omnium, neque locorum :
hæc studia adolescentiam alunt, senectutem oblectant.*

PETIT-ROMAIN N° 12.

Points Fournier.

Ego multos homines excellenti animo ac virtute fuisse.
et sine doctrina, naturæ ipsius habitu prope divino, per
seipsos et moderatos et graves exstitisse fateor : etiam
illud adjungo, sæpius ad laudem atque virtutem naturam sine doctrina, quam sine natura valuisse doctrinam.
Atque idem ego contendo, cum ad naturam eximiam

NON INTERLIGNÉ.

M. Catonem illum senem : qui profecto, si nihil ad
percipiendam colendamque virtutem litteris adjuvarentur, nunquam se ad earum studium contulissent. Quod
si non hic tantus fructus ostenderetur, et si ex his studiis delectatio sola peteretur : tamen, ut opinor, hanc
animi remissionem, humanissimam ac liberalissimam

PETIT-ROMAIN POÉTIQUE COMPACTE N° 14.

Points Fournier.

Ego multos homines excellenti animo ac virtute
fuisse, et sine doctrina, naturæ ipsius habitu prope
divino, per seipsos et moderatos et graves exstitisse
fateor : etiam illud adjungo, sæpius ad laudem atque
virtutem naturam sine doctrina, quam sine natura valuisse doctrinam. Atque idem ego contendo, cum ad

NON INTERLIGNÉ.

M. Catonem illum senem : qui profecto, si nihil
ad percipiendam colendamque virtutem litteris adjuvarentur, nunquam se ad earum studium contulissent. Quod si non hic tantus fructus ostenderetur, et
si ex his studiis delectatio sola peteretur : tamen ut
opinor, hanc animi remissionem, humanissimam ac
liberalissimam judicaretis. Nam cæteræ neque tem-

Points Fournier.

Ce sont les journaux, véritables instituteurs publics, professeurs d'économie et de liberté, qui ont fait pénétrer dans les masses parisiennes ces idées d'ordre, de légalité et de générosité qui ont, aux yeux de l'Europe étonnée, caractérisé

NON INTERLIGNÉ.

Ce sont les journaux, véritables instituteurs publics, professeurs d'économie et de liberté, qui ont fait pénétrer dans les masses parisiennes ces idées d'ordre, de légalité et de générosité qui

CPAEQRMLFN   CEARFNECAFNR

1978303187903

Tamen, hanc animi remissionem humanissimam ac liberalissimam judicaretis. Nam cœteræ

CICÉRO N° 1.

Points Fournier.

Ego multos homines excellenti animo ac virtute fuisse, et sine doctrina, naturæ ipsius habitu prope divino, per seipsos et moderatos et graves exstitisse fateor. Etiam illud adjungo

NON INTERLIGNÉ.

Ex hoc esse hunc numero, quem patres nostri viderunt, divinum hominem, Africanum : ex hoc C. Lælium, L. Furium, moderatissimos homines et continentissimos : ex

LA FRANCE a une initiative trop importante dans la civilisation du globe, pour

Ego multos homines excellenti animo ac
virtute fuisse, et sine doctrina, naturæ ipsius
habitu prope divino, per seipsos et moderatos
et graves exstitisse fateor : etiam illud adjungo,
sæpius ad laudem atque virtutem naturam
sine doctrina, quam sine natura valuisse doctrinam. Atque idem ego contendo, cum ad
naturam eximiam atque illustrem accesserit
ratio quædam conformatioque doctrinæ; tum
illud nescio quid præclarum ac singulare solere existere. Ex hoc esse hunc numero, quem
patres nostri viderunt, divinum hominem,
Africanum : ex hoc C. Lælium, L. Furium,
moderatissimos homines et continentissimos :
ex hoc fortissimum virum, et illis temporibus
doctissimum,

NON INTERLIGNÉ.

M. Catonem illum senem : qui profecto, si
nihil ad percipiendam colendamque virtutem
litteris adjuvarentur, numquam se contulissent. Quod si non hic tantus fructus ostenderetur, et si ex his studiis delectatio sola
peteretur : tamen, ut opinor, hanc animi
remissionem, humanissimam ac liberalissi-

CICÉRO N° 8.

Points Fournier.

Ego multos homines excellenti animo ac
virtute fuisse, et sine doctrina, naturæ ipsius
habitu prope divino, per seipsos et moderatos
et graves exstitisse fateor : etiam illud adjungo,
sæpius ad laudem atque virtutem naturam
sine doctrina, quam sine natura valuisse doc-

NON INTERLIGNÉ.

M. Catonem illum senem : qui profecto, si
nihil ad percipiendam colendamque virtutem
litteris adjuvarentur, nunquam se contulissent.
Quod si non hic tantus fructus ostenderetur,
et si ex his studiis delectatio sola peteretur :

1234567890

CICÉRO POÉTIQUE N° 9.

Points Fournier.

Ce sont les journaux, véritables instituteurs publics, professeurs d'économie et de liberté, qui ont
si frappante et si glorieuse pour la FRANCE la différence des révolutions de 1789 et de 1830.

NON INTERLIGNÉ.

Ce sont les journaux, véritables instituteurs publics, professeurs d'économie et de liberté, qui ont
fait pénétrer dans les masses parisiennes ces idées
d'ordre, de légalité et de générosité qui ont, aux

CEFANPRS   CEFANPRS 13567890

Points Fournier.

Ego multos homines excellenti animo
ac virtute fuisse, et sine doctrina, naturæ ipsius habitu prope divino, per
seipsos et moderatos et graves exstitisse
fateor. Etiam illud adjungo, sæpius ad
laudem atque virtutem naturam sine
doctrina, quam sine natura valuisse
doctrinam. Atque idem ego contendo,
cum ad naturam eximiam atque illustrem accesserit ratio quædam conformatioque doctrinæ; tum illud nescio
quid præclarum ac singulare solere
existere.

NON INTERLIGNÉ.

Ex hoc esse hunc numero, quem
patres nostri viderunt, divinum hominem, Africanum : ex hoc C. Lælium,
L. Furium, moderatissimos

*Ego multos homines excellenti animo
ac virtute fuisse, et sine doctrina, naturæ ipsius habitu prope divino, per
seipsos et moderatos et graves exstitisse*

Points Fournier.

Ego multos homines excellenti animo ac virtute fuisse, et sine doctrina, naturæ ipsius habitu prope divino, per seipsos et moderatos et graves exstitisse fateor : etiam illud adjungo, sæpius ad laudem atque virtutem naturam sine doctrina, quam sine natura valuisse doctrinam. Atque idem ego contendo, cum ad naturam eximiam atque illustrem accesserit ratio quædam conformatioque doctrinæ; tum illud nescio quid præclarum ac singulare solere existere.

NON INTERLIGNÉ.

Ex hoc esse hunc numero, quem patres nostri viderunt, divinum hominem, Africanum : ex hoc C. Lælium, L. Furium, moderatissimos homines et

LA FRANCE a une initiative trop importante dans la civilisation du globe pour que les hommes spéciaux lui fassent jamais faute.

GROS-ROMAIN N° 2.

Points Fournier.

Pareils au chêne, dont l'accroissement ou le dépérissement est insensible aux insectes éphémères qui rampent sous son ombrage, les Empires paraissent dans une espèce d'immobilité à la plupart des hommes, qui s'en tiennent

PETIT-PARANGON N° 1.

Points Fournier.

L'ambition est, dans certains hommes, comparable à ces feux souterrains allumés dans les entrailles de la terre. Ils y brûlent sans qu'ils

PETIT-PARANGON.

Points Fournier.

Ce sont les journaux, véritables instituteurs publics, professeurs d'économie et de liberté, qui ont fait pénétrer dans les masses parisiennes ces idées d'ordre, de légalité et de générosité qui ont, aux yeux de l'Europe étonnée, caractérisé d'une manière si frappante et si glorieuse pour la FRANCE la différence des révolutions de 1789 et de 1830.

ABCEFGHIJLMNOPRSU

ABCDEFGHIJLMNOPRSTUVX

1234567890

Ce sont les journaux, véritables instituteurs

Gros-Parangon.

Points Fournier.

L'homme du monde et le bel-esprit s'expriment l'un et l'autre avec élégance et pureté; tous deux sont ordinairement plus sensibles au bien dit qu'au bien pensé.

L'homme du monde et le bel esprit

RONDES.

Corps 22.

Personnellemen.

Corps 28.

Militairemen=

Corps 34.

Personnellemen.

Corps 56.

Imprimerie.

COULÉES.

Corps 20.

Barcelonnette. Melun.

GOTHIQUES ORNÉES.

Corps 22

Corps 30.

Corps 56.

GOTHIQUES ALLEMANDES.

Corps 11.

Les Champs De La Normandie.

Corps 14.

Le Cap de Bonne-Espérance.

Corps 18.

Rouen. Vernon. Melun.

Corps 24.

Rome. Meudon.

Corps 28.

Rome. Melun.

Corps 36.

Rome. Melun.

Grec de Gaillarde.

ΦΙΛΑΡΓΥΡΟΣ.

Φιλάργυρός τις ἅπασαν αὑτοῦ τὴν οὐσίαν ἐξαργυρίσα ἑνος, καὶ χρυ οῦν βῶλον ποιήσας, ἔν τινι τόπῳ κατώρυξε, συγκατορύξας ἐκεῖ καὶ ψυ ὴν ἑαυτοῦ καὶ τὸν νοῦν· καὶ καθ᾽ ἡμέραν ἐρχόμενος αὐτὸν ἐβλέπε. Τῶν δ᾽ ργατῶν τις αὐτῶν παρατηρήσας, καὶ τὸ γεγονὸς συννοήσας, ἀνορύξας τὸν βῶλον ἀνείλετο. Μετὰ δὲ ταῦτα ἐκεῖνος ἐλθών, καὶ κενὸν τὸν τόπον ἰδὼν θρηνεῖν ἤρξατο καὶ τίλλει τὰς τρίχας. Τοῦτον δέ τις ὀλοφυρόμενον οὕτω ἰδών, καὶ τὴν αἰτίαν πυθόμενος, μὴ οὕτως, εἶπεν, ὦ οὗτος, ἀθύμε Οὐδὲ γάρ, ἔχων χρυσόν, εἶχες. Λίθον οὖν ἀντὶ χρυσοῦ λαβὼν θές, κα μίξε σοι τὸν χρυσὸν εἶναι· τὴν αὐτὴν γάρ σοι πληρώσει χρείαν· ὡς οὐ γάρ, οὐδ᾽, ὅτε ὁ χρυσὸς ἦν, ἐν χρήσει ἦσθα τοῦ κτήματος

Grec de petit-romain.

ΚΩΝΩΨ ΚΑΙ ΛΕΩΝ.

Κώνωψ πρὸς λέοντα ἐλθὼν εἶπεν. Οὐδὲ φοβοῦμαί σε, οὐδ᾽ υνατώτερός μου εἶ. Εἰ δὲ μὴ, τί σοί ἐςιν ἡ δύναμις; ὅτὲ ξύεις τοῖς ὄνυξι, καὶ δάκνεις τοῖς ὀδοῦσι; Τοῦτο καὶ γυνὴ τῷ ἀνδρὶ μαχομένη ποιεῖ. Ἐγὼ δὲ λίαν ὑπάρχω σοῦ ἰσχυρότερος. Εἰ δὲ θέλεις, ἔλθωμεν καὶ εἰς πόλεμον. Καὶ σαλπίσας ὁ κώνωψ ἐνεπήγετο δάκνων τὰ περὶ τὰς ῥίνας αὐτοῦ ἀτρίχα πρόσωπα. Ὁ δὲ λέων τοῖς ἰδίοις ὄνυξι κατέλυεν ἑαυτὸν, ἕως οὗ ἠγανάκ τησεν. Ὁ κώνωψ δὲ νικήσας τὸν λέοντα, καὶ σαλπίσας, κα ἐπινίκιον ἄσας, ἔπτατο. Ἀράχνης δὲ δεσμῷ ἐμπλακείς, ἐσ θιόμενος ἀπωδύρετο ὅτι μεγίςοις πολεμῶν, ὑπὸ εὐτελοῦς ζώου τῆς ἀράχνης ἀπώλετο.

Corps 14.

La fleur Ornement du Parterre.

Corps 20.

Personnellement. Unanime.

Corps 22.

Le Monument.

ANGLAISES.

Corps 16.

Le Printems Et Les Fleurs.

Corps 22.

Mont-Tabor. Montmédi. Ham

Palestine.

Points Fournier

Avant que de se jeter dans le péril il faut le prévoir et le craindre; mais quand on y est il ne reste plus qu'à le mépriser.

Qui ne craint point la mort est au-dessus de tout.

Petit-Canon.

Points Fournier

Satisfait, au contraire, de l'admiration des gens du bon ton, l'homme du monde ne s'occupe qu'à présenter des idées

Petit-Canon gras.

Points Fournier.

Satisfait de l'admiration des gens du bon ton, l'homme du monde ne s'occupe qu'à présenter des idées agréables, à ce qu'on

Le monde fourmille de sots.

Gros-Canon gras.

Points Fournier.

On ne peut voir la vertu sans l'aimer, et on ne peut l'aimer sans

Le sage se prête au

ALLEMANE GRASSE.

Points Fournier.

Ce sont les journaux, véritables instituteurs publics, professeurs d'économie et de liberté, qui ont fait pénétrer dans les masses parisiennes ces idées d'ordre, de légalité et de

Corps 10

ce sont les journaux, véritables instituteurs publics, professeurs d'économie et de liberét, qui ont fait pénétrer dans les masses parisiennes ces

ce sont les journaux, véritables instituteurs publics, profes-

Capitales Grasses.

PETIT-TEXTE.

ENCHANTEMENT UNANIME
LES EMPIRES PARAISSENT DANS UNE ESPÈCE

PETIT-ROMAIN.

LES EMPIRES PARAISSENT.
LES FLEURS ORNEMENT DU PARTERRE.
1234567890.

PHILOSOPHIE.

LES MERS CONSTAMMENT.

ENCHANTEMENT UNANIME.
1234567890.

CICÉRO.

LE CAP DE BONNE-ESPÉRANCE.
SATISFAIT DE L'ADMIRATION DES GENS.
52134760934.

SAINT-AUGUSTIN.

MONUMENT DE GLOIRE.

ENCHANTEMENT UNANIME.
531240689.

NOTA. Ces capitales s'alignent avec les bas de casses de leur corps.

Lettres de Deux Points.

Étrusque.

CAMPAGNES DE ROME.

NOMPAREILLE.

Ordinaire.

CAMPAGNES IMMENSES.

Grasse.

INSTRUMENT RUSTIQUE.

Ombrée azurée.

ENCHANTEMENT UNANIME.

Ornée.

LA FONTAINE DE VAUCLUSE.

MIGNONNE.

Ordinaire.

CHAMPAGNE MOUSSEUX.

Grasse.

DÉDOMMAGEMENT.

Ombrée.

MONUMENTS ANTIQUES.

Toscane.

AMIENS. AMSTERDAM.

Italienne.

MELUN. DAMMARTIN.

Tumulaires.

POMPEUSEMENT.

Capitales Grasses.

GROS-ROMAIN.

HONNEUR ET COURAGE.

LA FONTAINE DE VAUCLUSE.

1234567890.

NOTA. Ces capitales s'alignent avec les bas de casses de leur corps.

Eptiennes

PETIT-TEXTE.

LES FLEURS ORNEMENT DU PARTERRE.

CICÉRO.

MONUMENTS ANTIQUES.

Lettres de Deux Points.

PETIT-TEXTE.

Ordinaire.

LES FLEURS ORNEMENT.

Grasse.

JMPRUDENT JEUNE.

Ombrée.

IMPRUDENT JEUNE.

Azurée.

POMPEUSEMENT.

Italienne ombrée.

IMPRUDENT JEUNE.

Lettres de Deux Points.

GAILLARDE.

Ordinaire.

BEAUMONT. HUNINGUE.

Grasse.

MONTIGNAN. AMIENS.

Égyptienne.

ENCHANTEMENT.

Égyptienne ombrée.

IMMORTALITÉ.

Italienne.

IMMORTALITÉ.

Azurée.

DÉDOMMAGEMENT.

Toscane.

IMMORTALITÉ.

Lettres de Deux Points.

PETIT-ROMAIN.

Ordinaire.

DAMMARTIN. MELUN.

Grasse.

DAMMARTIN.

Toscane ombrée.

DAMMARTIN.

Azurée.

DAMMARTIN.

Égyptienne.

DAMMARTIN.

Ornée.

DAMMARTIN.

Lettres de Deux Points.

PHILOSOPHIE.

Ordinaire.

CHARMANTES FLEURS.

Égyptienne italique azurée.

LA FONTAINE.

Italienne ombrée.

MONITEUR.

Ornée azurée.

COMMENCEMENT.

Égyptienne ombrée.

LA FONTAINE.

Mexicaine ornée.

CHAMPAGNE.

Mexicaine azurée.

MONUMENT.

Toscane ombrée azurée.

HAMBOURG.

CICÉRO.

Ordinaire.

NEMOURS. MELUN.

Égyptienne ombrée azurée.

ENCHANTER.

Toscane ombrée.

FRONTIGNAN.

Écossaise.

MUNINGUE.

Toscane ombrée azurée.

FRONTIGNAN.

Italienne.

AMSTERDAM.

Égyptienne ombrée.

LIBOURNE.

Ornée.

IMMORTALITÉ.

Lettres de Deux Points.

DEUX POINTS DE SAINT-AUGUSTIN.

Ordinaire.

ENCHANTEMENT.

Égyptienne azurée.

MONUMENT.

Toscane ombrée.

MONUMENT.

Écossaise.

MONUMENT.

Mexicaine azurée.

MONUMENT.

Azurée.

MONUMENT.

CHINOISES ÉCRASÉES.

ROUEN.

Lettres de Deux Points.

GROS-TEXTE.

Égyptienn ombrée

UNANIME.

Toscane ombrée.

UNANIME.

Mosaïque.

UNANIME.

GROS-ROMAIN.

Toscane ombrée et azurée.

MAMERS.

Fond azuré.

MAMERS.

CARACTÈRES D'AFFICHES.

MONUMENT

A VOIR 56 ★

VASSAL

127★

TROU
1750

BAS DE CASSE.

argent

DET 25 ★

VIGNETTES.

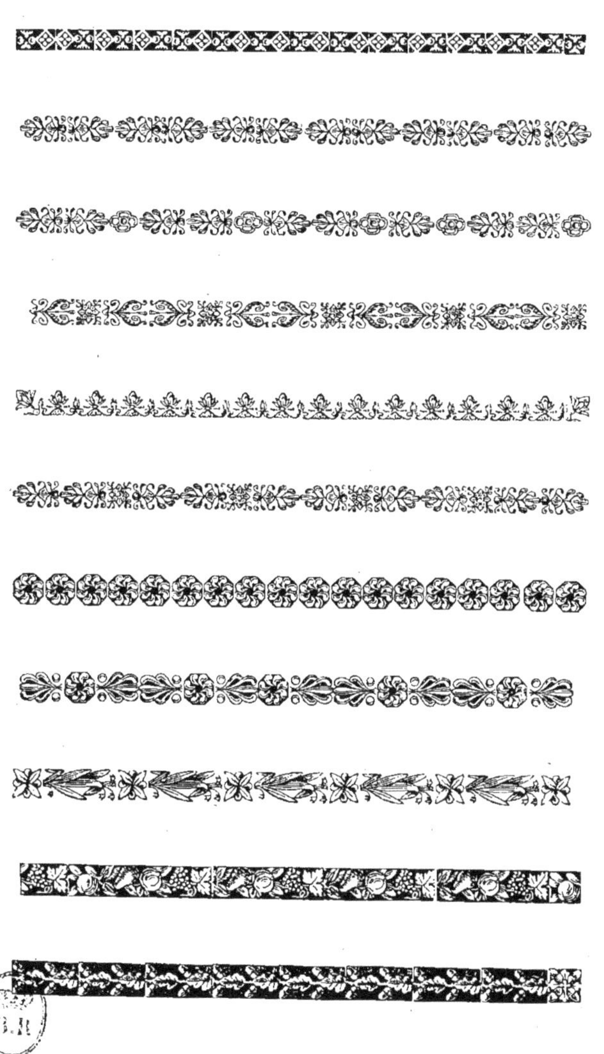

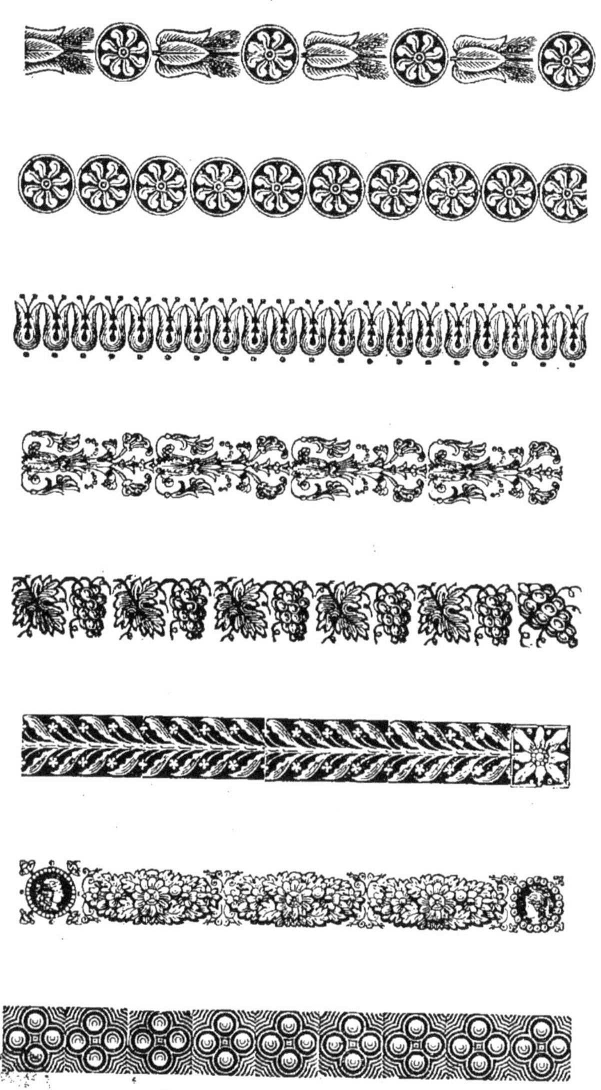

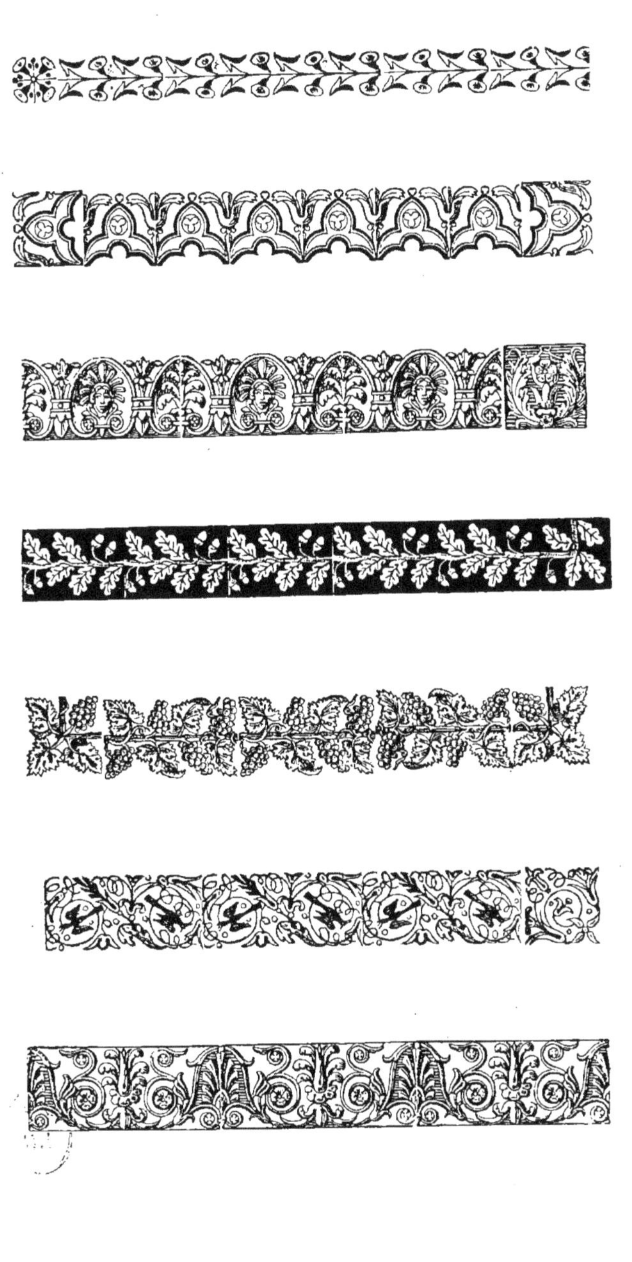

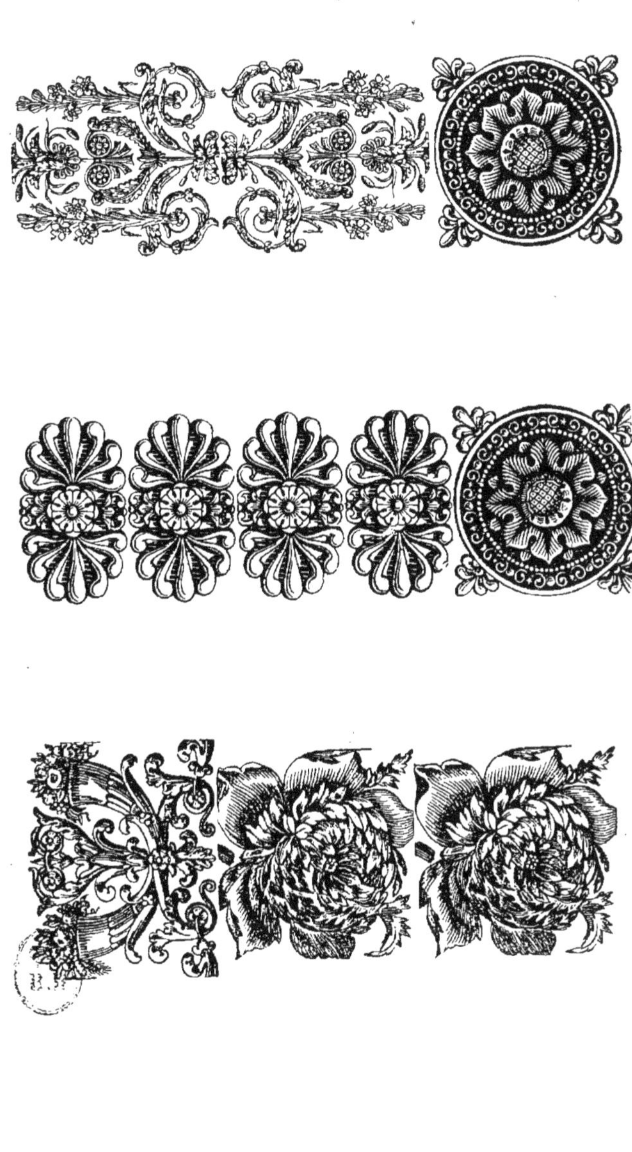

FILETS ANGLAIS ET ACCOLADES.

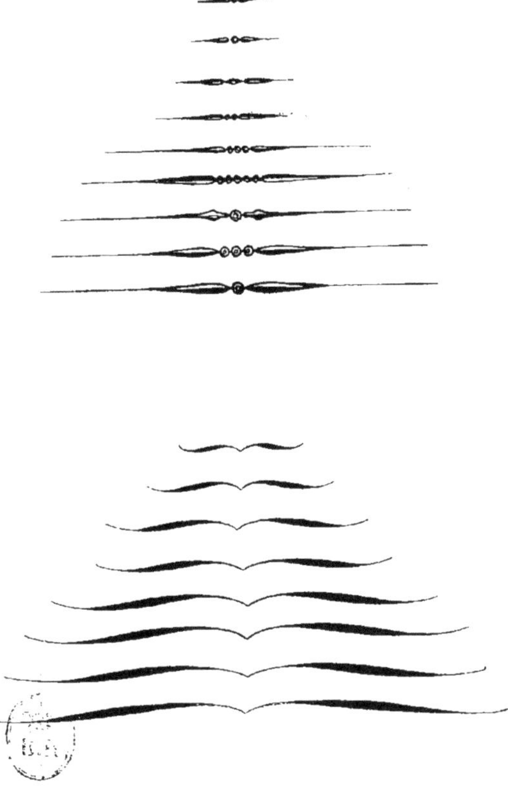

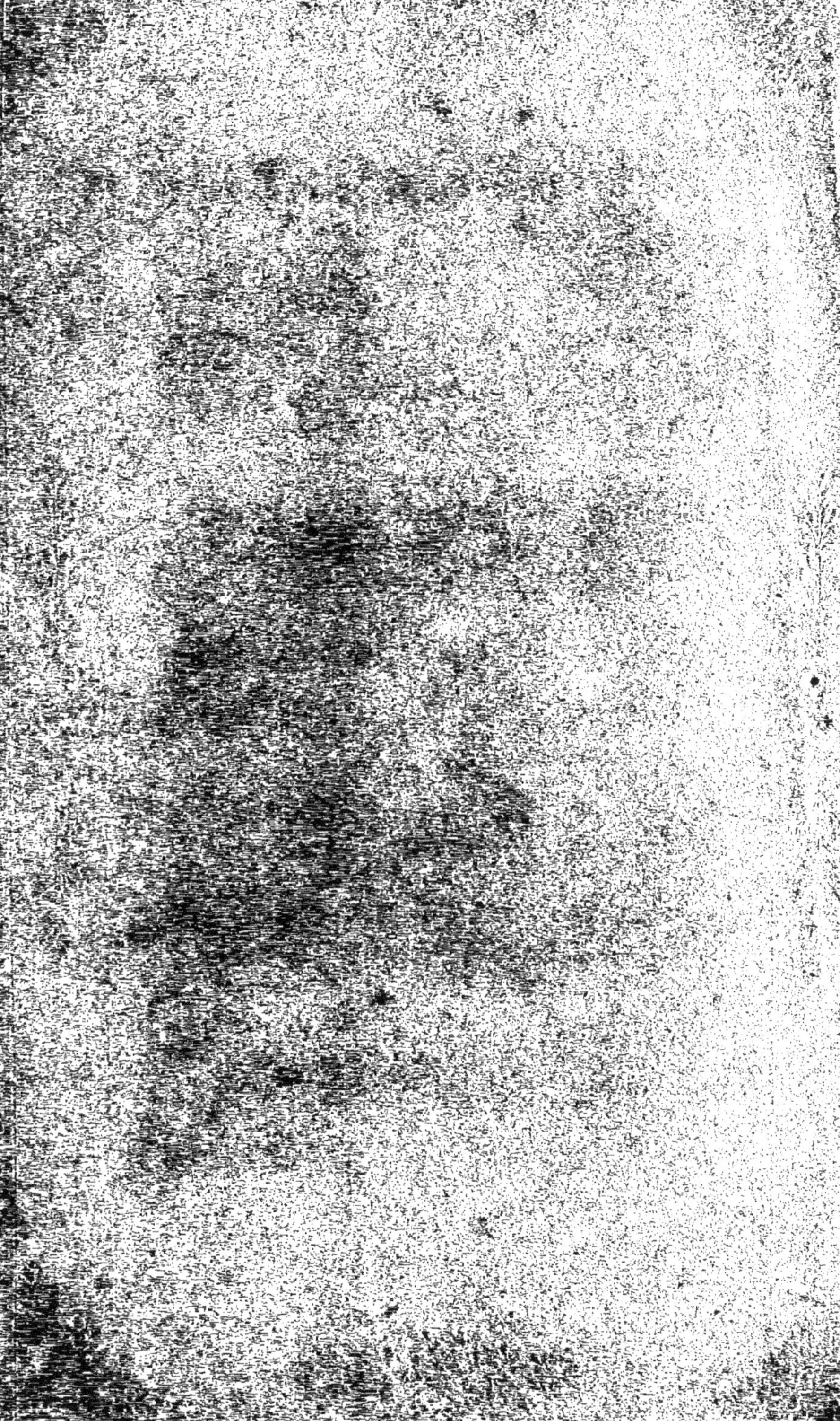

www.ingramcontent.com/pod-product-compliance
Ingram Content Group UK Ltd.
Pitfield, Milton Keynes, MK11 3LW, UK
UKHW022103070726
13613UKWH00002B/922